Staatsakte und Leichenfeier zu Ehren des Generals Hoche 1797

Dokumente

bearbeitet von Norbert Flörken

Bibliografische Information der Deutschen Nationalbibliothek:

Die Deutsche Nationalbibliothek verzeichnet diese Publikation in der Deutschen Nationalbibliografie; detaillierte bibliografische Daten sind im Internet über http://dnb.dnb.de abrufbar.

© 2017 Norbert Flörken
Herstellung und Verlag:
BoD – Books on Demand, Norderstedt
ISBN: 9783848230358

9 783848 230358

Louis-Lazare HOCHE (1768-1797)

Inhalt

Einleitung

Louis-Lazare Hoche war einer jener jungen Generäle, die in der Armee des revolutionären Frankreich eine Blitzkarriere machten. Mit nur 24 Jahren war er bereits General; „sein brennender Ehrgeiz und sein stürmisches Temperament, gepaart mit strategischem und organisatorischem Talent, ließen die Regierung ihm mehrfach Kommandos über Armeen übertragen." (Wikipedia) Hoche schaffte es, die Aufstände in der Vendee mit Geschick und Härte zu beenden.

Im Rheinland war er im Frühjahr 1797 der höchste französische Repräsentant; er setzte die sog. Mittelkommission / ›commission intermédiaire‹ ein und erwies sich als Freund eines unabhängigen Rheinlands (›Cisrhenanische Republik‹).

Staatsakt auf dem Marsfeld

Cérémonie funèbre[1]

En l'honneur du Général **HOCHE**, mort à Wetzlar, le 3e jour Compl^{re} De l'an V^e [=19.09.1797] de la République Franc^{se}, dans la 30e année de son âge.

Inscriptions au bas des Colonnes Funéraires	Inscriptions de la Pyramide	Inscriptions au bas des Colonnes Funéraires
Son nom seul épouvanta le	HOCHE pacificateur de la Vendée, Lignes de	Weißenbourg, Landau, Quiberon, parlent de sa

despote d'Ir-lande et les conspirateurs Français, Il vé-cut assez pour sa gloire, Trop peu pour la Pa-trie, Il alloit être le Buona-parte du Rhin.	Weißenbourg, Passage du Rhin, Débloquement de Landau.	gloire Et la Ven-dée de ses Ver-tus, Les distances les Fleuves d'Océan, rien n'arrêtoit son au-dace. Il fut hu-main dans la Guerre et clé-ment dans la Victoire.

A Paris chez l'Epine, rue du Faubourg Jacques No. 212, vis-à-vis le Corps de Garde.

1797 Sep 23 Das Direktorium beschliesst Staatsakt für General Hoche[2]

Arrêté du directoire exécutif qui ordonne une cérémonie funèbre en mémoire du général Hoche. Du 2 vendémiaire – No.2

Le directoire exécutif, informe de la mort du général Hoche, commandant en chef les armées de Sambre-&-Meuse & de Rhin-&-Moselle, décédé a Wetzlar le 3e jour complémentaire de l'an V de la république, dans la trente-huitième[3] année de son âge, arrête qu'il y aura décadi prochain, au Champ de Mars, une cérémonie funèbre en mémoire de ce général.

Le ministre de la guerre & et celui de l'intérieur se concerteront pour le mode d'exécution a présenter au directoire exécutif.

Le présent arrêté sera imprimé & affiché.

1797 Okt 01 Staatsakt in Paris für General Hoche[4]

[Auszug]

Procès-verbal

De la cérémonie funèbre qui à été lieu au Champ de Mars, à Paris, le 10 Vendémiaire an VI, en mémoire' du général Hoche.

L'AN sixième de la République française, une et indivisible, le 10 vendémiaire à 10 heures du matin, en exécution de l'arrêté du Directoire exécutif du 2 du présent mois et de la loi du 5 aussi de ce mois, portant qu'il serait célébré cejourd-hui, au Champ-de-Mars à Paris une cérémonie funèbre en mémoire du général Hoche commandant en chef les armées de Sambre-et-Meuse et de Rhin-et-Moselle, décédé à Wetzlar le 3e jour complémentaire de l'an V, dans la trentième année de son âge, les membres du Directoire exécutif, en grand costume, et le secrétaire général, se réunissent au lieu ordinaire des séances pour se rendre au Champ-de-Mars, lieu fixé pour la cérémonie à laquelle cette journée est consacrée.

Les ministres, les officiers composant l'état-major de la 17ᵉ division militaire et de la place de Paris, sont successivement annoncés et introduits.

Depuis l'aube du jour, l'artillerie placée dans le jardin du palais national du Directoire exécutif, annonçait aux citoyens, par un coup de canon tiré de quart d'heure en quart d'heure, que la République avait perdu l'un de ses défenseurs les plus ardens, et les appelait à venir mêler leurs larmes aux honneurs funèbres que la patrie reconnaissante lui avait décernés.

A onze heures, le Directoire monte dans ses voitures

| 2

il est précédé de ses huissiers et messagers d'État, et accompagné des états-majors de là 17ᵉ division militaire et de la place de Paris, d'un grand nombre d'officiers généraux, des ministres et du secrétaire général; il prend sa route vers l'Ecole militaire, au milieu d'un grand concours de citoyen, qu'une pieuse affection avait rassemblés dans les environs du palais.

Deux piquets de cavalerie ouvrent et ferment la marché: les cavaliers et grenadiers de la garde du Directoire, un corps nombreux de troupes de ligne et un détachement de vétérans nationaux escortent les voitures, et marchent les armes basses.

Les tambours, couverts de crêpe, exécutent par intervalles de sombres roulemens; les trompettes et la musique militaire, également voilées, font entendre des accords lents et lugubres qui préparent les cœurs aux émotions religieuses et à l'attendrissement qu'ils allaient éprouver.

On arrive dans cet ordre à l'École militaire. La façade du bâtiment est couverte en grande partie de tentures noires, semées des couleurs nationales. La famille éplorée du général Hoche s'y était déjà rendue, dans des voitures que le ministre de l'intérieur lui avait envoyées: le Directoire s'avance vers elle, et lui témoigne combien il partage avec tous les bons Français la perte dont elle est affligée.

Le Directoire trouve aussi à l'Ecole militaire le corps diplomatique, les membres du tribunal de cassation, les autorités constituées du département de la Seine et de la commune de Paris, et tous ceux qui doivent former le cortège..

Un concours immense de citoyens garnit les talus environnant la vaste étendue du Champ-de-Mars; on y remarque un grand nombre de membres du Corps législatif, qui sont venus se confondre avec leurs concitoyens pour payer a la mémoire du général mort leur tribut individuel de la reconnoissance publique. [...]

1797 Okt 21 Leichenrede in Gent auf General Hoche[5]

[Auszug]

ÉLOGE FUNEBRE | Du Général | HOCHE, | pro-nonce | Dans le Temple de la Loi, à Gand, | le 30 Vendé-miaire, an 6, | Par le Citoyen P. BOTTE, | Professeur des Belles- Lettres à l'Ecole Centrale | du Département de l'Escaut. | A Gand, | Chez A. B. Stéven, Imprimeur du Departe-|ment, Marché aux Grains.

LA nature forme les grands Hommes pour l'admi-ration de leurs Contemporains, et l'instruction de la postérité. Autant elle en est avare, auyant le regret qu'ils laissent dans les ames sensibles, est profond et durablé, quand ils ne peuvent remplir la mesure des jours, que nos desirs et notre amour leur promettaient.

Que nous disent ces crêpes, ces tentures lugubres, cet appareil funèbre, ces soupirs qui compriment les cœurs? Hoche n'est plus! … la nature n'a fait que nous le montrer pour nous le rendre plus cher: La gloire ne le couronna de tant de

Lauriers, que pour exciter l'émulation de ses Frères d'armes et encourager ses rivaux à terminer la carrière, qu'il avait ouverte et parcourrue avec de si brillans succès. Hoche n'est plus ! ... Guerriers Français vous pleurez un Frère: ô ! ma Patrie, vous regrettez un Fils valeureux: Liberté, Idole de Républicains vous perdez un Défenseur. Portes du Temple de mémoire, ouvrez-vous; recevez le Vainqueur de Quiberon: Générations futures, écoutez le récit de ses rares exploits que ma faible voix va s'efforcer de vous transmettre; admirez ses hauts faits, imitez ses vertus.

L'homme croit lentement: ses talens ne se développent qu'avec contrainte, souvent avec violence: à peine ont ils brillé, qu'ils commencent à décroître. Il appartenait au Génie de la Liberté de démentir ces Vérités consacrées par l'histoire de tous les âges: Hoche et cette foule de jeunes Héros, qui remplissent aujourd'hui l'Univers de leurs exploits, nous le prouvent. Leurs talens ont devancé leurs années: ils ont atteint un haut degré de perfection, avant d'avoir atteint leur maturité.

Oui, c'est au Génie de la Liberté, que nous devons Hoche et ses victoires: c'est le Génie de la Liberté, qui sous les pas de ce Héros, conduisit nos Défenseurs dans les sentier de la gloire: c'est le Génie de la Liberté, qui rendit ce

Guerrier si précieux à Hondschoote et Vainqueur à Weissembourg et Quiberon.

Fils d'un respectable Militaire, Hoche s'appliqua à la profession des armes dès sa tendre jeunesse. Un Eloge particulier qui lui est dû, c'est que la révolution le trouva debout et armé pour la défendre, taudis que la plupart des Héros

| 5

français furent appellés et armés par elle.

C'est dans le Régiment des Gardes-Françaises, dans ce Régiment qui, le premier, en 1789, par un dévouement inespéré, a fait pâlir la tyrannie; dans ce Régiment, à qui on peut attribuer la gloire d'avoir affermi les premiers pas de la Révolution, alors bien chancelante, que sa grande ame prit les premières leçons d'héroïsme et d'intrépidité.

Déjà le Trône, cette antique idole de la Noblesse et du Despotisme, n'existait plus. Ces vaines dénominations, ces titres ridicules, inventés par l'ambition, exaltés par la flatterie, encensés par le préjugé et l'ignorance, avaient disparu ensevelis sous les débris de la Royauté. Il n'existant plus qu'un nom, le nom sublime de *Citoyen*; nom encore trop-peu apprécié, mais qui bientôt sera recherché par les Nations étrangères, ainsi que l'honneur de pouvoir se dire

Citoyens Romains, fut autrefois brigué par les Peuples les plus courageux.

Déjà mille dangers menaçaient la Patrie. L'Espagnol occupait une partie du Roussillon; la Vendée était en insurrection; l'Allemand portait un pied téméraire en Alsace; Valenciennes avait capitulé; Bouchain, Cambray étaient menacés; dés patrouilles de Cannibales portaient le fer et le feu jusqu'aux portes de Saint-Quentin et de Péronne; la trahison paraissait être générale, et la désorganisation complète; on fixait l'inauguration du nouveau Roi, à la Saint-Louis, et l'on se demandait par dérision, quels hommes la nouvelle République, pour rétablir des affaires si désespérées, allait substituer à cette brillante Noblesse, qui jusqu'alors, avait eu le

| 6

privilège exclusif de diriger la valeur française et remporter des victoires ?

Ce n'est plus à la suite de noms fastueux, que marcheront les Phalanges de la République. Les Généraux, les Soldats sont Citoyens; ils n'ont d'autre rang que celui que leur assignent leur courage, leurs talens ou leurs vertus. […]

1797 Okt 21 Staatsakt in Lyon für General Hoche[6]

[Auszug]

PROCÈS - VERBAL | De la Cérémonie funèbre qui a eu lieu sur la place de la Liberté, à Lyon, le 30 Vendémiaire an 6, en mémoire du Général Hoche. | Extrait des Registres des délibérations de l'Administration centrale du Département du Rhône.

L'AN sixième de la République française, une et indivisible, le 30 vendémiaire, à dix heures du marin, en exécution de la loi du 6 du courant, et des dispositions arrêtées le 27 par l'Administration, et le 28 pair le Bureau central, relativement à l'exécution d'une cérémonie funèbre en mémoire du Général Hoche, commandant en chef les armées de Sambre et Meuse et de Rhin et Moselle, décédé à Wetzlar, le troisième jour complémentaire dé l'an V, dans la trentième année de son âge; l'Administration centrale se réunit au lieu ordinaire de ses séances pour y recevoir les diverses Autorités civiles et militaires, et les citoyens qui avaient été, la veille, invités à se réunir à elle, pour la cérémonie à laquelle cette journée est consacrée.

Sont successivement introduits et reçus,

Les professeurs et élèves de l'école centrale, le jury d'instruction, les instituteurs, les professeurs et élèves de l'école nationale, rurale et vétérinaire, les juges de paix, les tribunaux correctionnel, civil et criminel, et de commerce, le bureau consultatif de commerce, la

| 2

société des médecins, la commission administrative de hospices civils, les officiers de santé en chef desdits hospices, et leurs élèves, les administrations municipales du canton de Lyon, le bureau central; les receveur et payeur généraux du département, les directeur et receveurs de l'enregistrement et du domaine national, l'ingénieur en chef et l'ingénieur ordinaire du département, le commissaire-ordonnateur et les commissaires des guerres, le commandant de l'artillerie et les officiers du génie, les artistes des deux théâtres, les militaires blessés, les parens des défenseurs de la patrie les secrétaires et employés des diverses administrations, les officiers de l'état-major, et le général de brigade commandant à Lyon.

Alors, le cortège se forme dans l'ordre de réception ci-dessus, défile, se met en marche entre une doublé haie de militaires, et parvient à la place de la Liberté, après avoir parcouru le quai du Rhône, la place de l'Égalité, le quai de la Saône, et la rue Saint-Pierre.

Chacun des membres du cortège tient à la main une branche de laurier ou de chêne.

Indépendamment de la musique militaire qui précédait le cortège et dirigeait la marche, en exécutant des airs guerriers et patriotiques, les artistes des deux théâtres, réunis près le lit funéraire du Général Hoche, impriment pendant toute la marche, un sentiment, douloureux et sombre, en faisant retentir les airs des lentes et magnifiques cadences de la marche funèbre de la composition de Gossec, que le Ministre de l'intérieur avait eu l'attention d'envoyer à l'Administration, sur l'invitation qu'elle lui en avait faite.

Au milieu du cortège, et devant l'Administration, centrale et l'état-major, est porté par quatre anciens

| 3

militaires, un lit funèbre de forme antique, pompeusement décoré de trophées de signes distinctifs de Général d'armée, de couronnes de laurier enlacées de crêpes, et d'une draperie tricolore, soutenue aux quatre coins par quatre officiers-généraux de la garnison. On distingue sur l'enroulement de la tête du lit, cette inscription: Hoche n'est plus : il vécut asse pour la gloire, et trop peu pour Ici patrie.

Deux piquets de cavalerie ouvrent et ferment la marche; toute la garnison â les armes basses. Les tambour crêpés, exécutent par intervalles de lugubres roulemens, et les trompettes, également voilées, font entendre de sombres accens.

C'est dans cet ordre pompeux et attendrissant, qu'on arrive sur la place de la Liberté. Là s'élève, par les soins de l'artiste Chinard, au milieu d'une haute estrade en forme de cirque, un autel sur lé derrière duquel domine un obélisque en marbre figuré, portant sur chacune de ses faces, l'inscription suivante :

Sur l'une : DÉBLOQUEMENT DE LANDAU.

Sur l'autre : LIGNES DE WEISSEMBOURG.

Sur là troisième : AFFAIRE DE QUIBERON.

Sur la quatrième : PASSAGE DU RHIN.

N'oublions pas d'annoncer, qu'à là crête de l'obélisque, flotte un *labarum* tricolor, sur lequel on lit ces mots simplement éloquens : A Hoche.

L'enceinte de l'autel et de l'obélisque est ornée de trophées, de drapeaux tricolors, de cassolettes à l'antique, du buste du héros, et dé inscriptions suivantes :

LES DISTANCES, LES FLEUVES, L'OCÉAN, RIEN N'ARRÊTAIT SON AUDACE.

IL FUT HUMAIN DANS LA GUERRE, ET CLÉMENT DANS LA VICTOIRE.

| 4

WEISSEMBOURG, LANDAU, QUIBERON, PARLERONT DE SA GLOIRE, ET LA VENDÉE DE SES VERTUS.

SON NOM SEUL ÉPOUVANTA LES DESPOTES ET LES CONSPIRATEURS.

[...]

Monument Hoche in Weissenthurm bei Koblenz

Literaturverzeichnis

Messages, arrêtés et proclamations du directoire exécutif ...
   Tome IV. (1797). Paris: Baudouin.

Peltier, M. (1797). *Paris, pendant l'annee 1797, Vol. XV.*
   London: Baylis.

Proces–verbal de la ceremonie ... a Paris ... en memoire du
   general Hoche. (1797). Paris: Imprimerie de la
   Republique.

Proces–verbal de la ceremonie funebre ... a Lyon .. en memoire
   du general Hoche. (1797). Lyon: Ballanche/Barret.

Anmerkungen

---

[1] Fundstelle: http://parismuseescollections.paris.fr/fr/mu-see-carnavalet/oeuvres/ceremonie-funebre-en-l-honneur-du-general-hoche#infos-principales.

[2] Fundstelle: (Messages, arrêtés et proclamations du directoire exécutif ... Tome IV, 1797, S. 1).

[3] Irrtum: Hoche ist am 25.06.1768 geboren, also mit 29 Jahren gestorben.

[4] Fundstelle: (Proces-verbal de la ceremonie ... a Paris ... en memoire du general Hoche, 1797) nach: de.wikipedia.org.

[5] Fundstelle: http://gal-lica.bnf.fr/ark:/12148/bpt6k44183j/f1.image.

[6] Fundstelle: (Proces-verbal de la ceremonie funebre ... a Lyon .. en memoire du general Hoche, 1797) nach: books.google.com.